JEANNE
ET LE LONDON
MYSTERY

Tip TONGUE

DES ROMANS QUI PASSENT PETIT À PETIT EN ANGLAIS

Tip Tongue, c'est un voyage en immersion

Le héros, un jeune Français comme le lecteur, part en voyage dans un pays étranger et vit une aventure aux côtés de personnages qui parlent... anglais. Comme dans la vraie vie !

Avec Tip Tongue, lire de l'anglais devient naturel

Pas besoin de dictionnaire ! Au début du roman, la langue étrangère se trouve seulement dans les dialogues, puis elle entre petit à petit dans la narration. Le lecteur comprend tout grâce aux stratégies des personnages pour communiquer. Le dernier chapitre est à 100 % en anglais.

L'audio-book

Chaque titre offre une version intégrale audio téléchargeable. Un véritable bain de langue avec des accents authentiques pour découvrir comment se prononce un mot en langue étrangère au moment où on le lit !

SYROS Live

TÉLÉCHARGEZ L'APPLI SYROS LIVE ET SCANNEZ LA COUVERTURE DES ROMANS POUR OBTENIR LEUR VERSION AUDIO.

Tip Tongue se décline en anglais, espagnol, allemand… et pour tous les âges, de 8 à 17 ans.

La collection a obtenu en 2015 le **Label européen des langues**, récompensant l'excellence en matière d'apprentissage innovant. Chaque roman correspond à un niveau cible du **CECRL** (Cadre européen commun de référence pour les langues), sur lequel sont basés les programmes scolaires :

A1 (primaire et 6e), A2 (collège), B1 (lycée).

S'immerger

Se passionner

S'amuser

Être en empathie avec les personnages

Partager

Être encouragé, motivé

Être bienveillant

Répéter

Être créatif

Lire de bonnes histoires

S'améliorer

TIP TONGUE, C'EST UN ÉTAT D'ESPRIT : PLAISIR, CURIOSITÉ, CONFIANCE EN SOI !

Tip TONGUE

Une collection dirigée par Stéphanie Benson

Label européen des langues

Tip Tongue a obtenu en 2015 le Label européen des langues, récompensant des projets pédagogiques d'excellence en matière d'apprentissage et d'enseignement innovants des langues étrangères.

En partenariat avec l'UFR Langues et Civilisations
Université Bordeaux-Montaigne.

www.tiptongue.u-bordeaux-montaigne.fr

Université BORDEAUX MONTAIGNE

Illustrations de Julien Castanié

ISBN : 978-2-74-852074-3

92, avenue de France, 75013 Paris

CLAUDINE AUBRUN
STÉPHANIE BENSON

Jeanne et le London Mystery

SYROS

WRITING
CONTEST

CHAPTER ONE

The Contest

Dans quelques secondes, on allait connaître le gagnant du concours d'écriture, ou « writing contest » en anglais. Assise à côté de moi, Agathe s'est exclamée :

– J'espère que c'est toi !

Comment dire à mon amie que je n'avais aucune envie de gagner ? Sur la scène, Miss Parker, l'assistante de la grande romancière Dorothy Stone, marraine du concours, décachetait l'enveloppe. Elle a annoncé, comme aux Oscars :

– The winner of the writing contest is... Miss Jeanne Louvier!

J'avais compris mon nom. Pourtant, je n'arrivais pas à bouger. Agathe a saisi mon bras et m'a secouée :

– Jeanne. C'est toi qui as gagné ! Tu vas passer trois jours chez Dorothy Stone à Londres ! Tu vas rencontrer un auteur de romans policiers !

Les jambes tremblantes, je suis montée sur scène.

– Congratulations, Jeanne, a dit Miss Parker.

J'ai compris qu'elle me félicitait grâce à la ressemblance entre le mot anglais « congratulations » et le verbe français « congratuler ».

« Thank you », je connaissais. Ça veut dire « merci ». En prononçant les deux mots, j'ai serré la main de l'assistante et j'ai pensé à maman. Elle allait être contente. Après tout, c'était elle qui avait écrit l'histoire gagnante.

CHAPTER TWO

The Invitation to London

Maman était aux anges et ne semblait avoir aucun remords.

– Mais enfin, Jeanne, tu m'as aidée pour écrire cette histoire. Et puis, tu imagines un peu ! On va chez Dorothy Stone en personne ! Regarde où elle habite !

Ma mère avait déniché sur Internet une photo de la romancière dans sa bibliothèque. *The writer in her library* indiquait la légende. « Writer » voulait sans doute dire « écrivain », parce que la maîtresse nous demandait qui voulait « write the date » c'est-à-dire « écrire la date » en anglais au tableau. Et « a writing contest », je venais de l'apprendre, c'était « un concours d'écriture ». Mais « library » ? « Librairie » ? Je suis allée chercher le dictionnaire anglais-français et, en découvrant la traduction, je me suis dit que j'aurais pu deviner. Bibliothèque. Bien sûr, l'écrivain dans sa bibliothèque !

Une autre photo montrait la maison, vue du jardin. Sous l'image, on pouvait lire : *Dorothy Stone's magnificent house seen from her delightful garden.* J'ai vérifié « house ». Ça voulait bien dire « maison ». Et je me suis souvenue, du coup, de l'apostrophe avant le « s » en anglais, qui montre que quelque chose appartient à quelqu'un. Le « vélo de

John », par exemple, se dit « John's bike ». Il était donc écrit : La magnifique maison de Dorothy Stone... Dictionnaire en main, j'ai continué. « Seen », « vu(e) » ; « from », « de ». Maison vue de... « her », « son » ou « sa » ; « delightful », « charmant(e) » ; « garden », « jardin ». La magnifique maison de Dorothy Stone vue de son charmant jardin. J'étais plutôt heureuse d'avoir réussi à déchiffrer la légende de la photo. Mais ma joie était de courte durée.

– Ah ! Voici le mail de Miss Parker ! s'est exclamée maman. Allons, Jeanne, ne fais pas cette tête. Nous partons vendredi. C'est génial !

CHAPTER THREE

Friday

Le jour du départ, papa nous a accompagnées à la gare du Nord où nous devions prendre l'Eurostar.

– C'est épatant ! m'a-t-il dit. Tu vas faire de sacrés progrès en anglais.

J'ai failli lui répondre que, partant de zéro, je ne pouvais que m'améliorer, mais on a annoncé le départ du train. Mon père m'a embrassée tendrement, puis nous sommes parties. Deux heures quinze plus tard, nous sommes arrivées à la gare de Saint-Pancras, à Londres. Miss Parker et un homme en costume sombre et casquette nous attendaient sur le quai.

– This is Matthew. He's Dorothy Stone's chauffeur, a dit Miss Parker en le désignant. He'll drive you to Dorothy's house.

À ma grande surprise, j'avais tout compris. Miss Parker avait présenté avec « this is » ou « voici » le chauffeur de Dorothy Stone qui allait nous conduire chez la romancière. Le mot « chauffeur » ne se prononçait pas tout à fait pareil qu'en français, mais c'était compréhensible. « House », je connaissais, grâce à la photo de la maison de Dorothy Stone. Et « drive », c'était fastoche. Cela faisait penser au McDrive où on commande son repas en conduisant.

– Hello, I’m Jeanne, ai-je dit en me souvenant comment dire mon nom.

– And this is Jeanne’s mother, a ajouté Miss Parker en désignant ma mère qui s’est contentée de sourire.

L’homme s’est aussitôt emparé de nos valises, nous avons dit au revoir à Miss Parker et nous avons filé vers la maison de la célèbre Dorothy Stone.

MTL

CHAPTER FOUR

Dorothy Stone's House

Matthew a déposé nos valises dans l'entrée. Éclairés par un énorme lustre, des tas de tableaux décoraient le salon où nous venions de pénétrer. Maman a tout de suite admiré l'endroit. Nous avons entendu un bruit de pas. Je m'attendais à voir apparaître Dorothy Stone, mais la femme qui avançait vers nous n'était pas la romancière.

– Hello, my name's Lexie, a-t-elle dit. I'll take you to your rooms.

À part « bonjour », je n'avais rien compris. Son prénom, « Lexie », était écrit sur le badge épinglé à sa blouse.

– Qu'est-ce qu'elle a dit ? m'a demandé maman.

Je n'en revenais pas. Maman ne comprenait pas un seul mot d'anglais.

– Elle s'appelle Lexie, ai-je murmuré.

Pour la suite, il fallait deviner. En parlant, Lexie avait fait un signe de tête vers l'escalier.

– Je crois qu'elle veut nous emmener jusqu'à nos chambres, ai-je dit.

J'avais raison. À l'étage, Lexie a ouvert une porte et m'a invitée à pénétrer dans une pièce claire, tapissée de papier beige à fines rayures roses.

– Dorothy Stone is busy, a dit Lexie.

– Quoi ? a questionné maman qui avait repéré le nom de la romancière. Elle va bientôt nous recevoir ?

J'ai sorti le petit dictionnaire de ma poche. Lexie avait dit quelque chose comme « bizzie ». J'avais beau chercher, aucun mot ne ressemblait à cela. Voyant que nous ne comprenions pas, Lexie a tourné quelques pages et a posé son doigt sur le mot « busy ». « Occupé(e). »

– Dorothy Stone est occupée, ai-je traduit pour maman tandis que Lexie lui faisait signe de la suivre vers la chambre d'à côté.

Maman m'a interrogée du regard.

– Ne t'inquiète pas, on la verra ce soir, ai-je dit pour la rassurer.

Mais la romancière n'est pas venue dîner, et nous avons fini par aller nous coucher.

CHAPTER FIVE

Saturday

Le lendemain, samedi, je me suis réveillée tôt. Une fois lavée et habillée, j'ai frappé à la porte de la chambre de maman. Nous sommes descendues. Dans la salle à manger, Lexie nous attendait.

– Hello, Jeanne, m'a-t-elle dit. Would you like some tea? Or hot chocolate? Cereals? Milk? Or bread and butter?

Elle venait de désigner tour à tour une théière, une boîte de poudre chocolatée, un paquet de céréales, une bouteille de lait, du pain et une plaquette de beurre. Ce n'était pas dur de comprendre. En me rappelant l'anglais pour « et », j'ai répondu :

– Cereals and milk, please.

Ouf ! Lexie avait compris. Tandis qu'elle posait un bol devant moi, j'ai demandé à maman ce qu'elle voulait.

– Du thé, du pain et du beurre… et de la confiture d'oranges, m'a-t-elle dit.

Je me suis lancée :

– Tea, bread and butter, and…

Là, j'ai bloqué, mais Lexie semblait avoir deviné.

– Marmelade… ? a-t-elle proposé en montrant à maman un pot de confiture d'oranges.

Maman a souri et a fini par dire :

– Thank you!

Je me doutais que ma mère mourait d'envie que je demande quand nous verrions Dorothy Stone.

– Dorothy Stone is busy, a annoncé Lexie avant que je n'aie à me lancer.

– Elle est occupée. Mais alors, que faisons-nous ici ? a soupiré maman.

Lexie a fouillé dans un tiroir et a récupéré un livre qu'elle nous a tendu. Son titre était *Guide to London*. Elle nous a indiqué le quartier où nous étions : Kensington, près de Hyde Park.

– Bon ! a dit maman. À défaut de rencontre littéraire, allons visiter Londres.

Elle souriait, mais je voyais bien qu'elle se forçait.

POST OFFICE
BONSAS
X

CHAPTER SIX

Kensington

Dehors, nous avons marché jusqu'au bout d'une rue calme et élégante. J'ai été attirée par une jolie boutique de souvenirs où j'ai entraîné maman. Après avoir dit « Hello! » à la dame derrière le comptoir, je me suis dirigée vers un présentoir de cartes postales.

– On pourrait envoyer une carte à papa, à mamy et à Agathe ? ai-je proposé.

– Bonne idée ! Même si nous n'avons pas grand-chose à leur raconter, a dit maman avec une pointe d'ironie.

J'ai choisi trois cartes et me suis approchée de la caisse.

– Four pounds fifty, please, a annoncé la dame blonde en glissant les cartes dans une pochette en papier.

J'avais compris « four », qui veut dire « quatre », mais pas la suite. J'ai pris dans le portefeuille de maman un billet de cinq livres (parce qu'en Angleterre ils utilisent des « pounds » ou « livres » à la place des euros) en me disant que ça suffirait. La femme nous a rendu une pièce de cinquante pence. Je lui ai indiqué l'endroit où l'on devait coller les timbres en prenant un air interrogatif.

– Stamps? a-t-elle dit. For France?

J'ai hoché la tête en entendant le mot « France ».

– At the Post Office.

– Qu'est-ce qu'elle a dit ? a demandé maman.

– Qu'on pourra acheter des timbres pour la France au bureau de poste, ai-je répondu en extrapolant à partir du mot « Post ».

Hélas je n'ai pas eu le temps de demander à la dame où se trouvait la poste. Elle s'occupait de nouveaux clients. Dès que nous sommes sorties, j'ai repéré un homme en salopette qui peignait en bleu les fenêtres d'une belle demeure. Je ne savais pas le mot pour « où », donc je suis allée au plus simple.

– Hello! ai-je dit. The Post Office, please.

L'homme a à peine levé la tête.

– First right, then left, a-t-il expliqué en faisant avec sa main le signe de tourner d'abord à droite puis à gauche.

Je venais d'apprendre deux nouveaux mots. « Right » pour « droite », « left » pour « gauche ». J'ai traduit :

– À droite, puis à gauche.

– Merci ma chérie, a dit maman. Qu'est-ce que je ferais sans toi ?

CHAPTER SEVEN

In the Garden

De retour chez Dorothy Stone, nous avons croisé Lexie. Elle nous a aussitôt annoncé :

– Dorothy Stone is busy.

Cette femme était décidément très occupée. J'ai attiré maman dans le jardin pour lui parler au calme.

– Et si Dorothy Stone s'était rendu compte que je ne pouvais pas avoir écrit l'histoire gagnante, et qu'elle préfère nous ignorer ? lui ai-je dit à voix basse.

Après un court silence, maman a répondu :

– Mais nous avons écrit cette histoire ensemble ! Et dans ce cas, pourquoi nous aurait-elle invitées ?

– Peut-être que ce n'est pas Dorothy Stone qui a choisi la récompense du concours. C'est peut-être son éditeur. On nous fait croire que la grande romancière est « busy », mais en fait elle ne veut pas nous rencontrer. Ou alors, ai-je repris, Dorothy Stone est morte. Ou bien elle n'existe pas.

– Et la femme qui posait devant sa bibliothèque dans l'article sur Internet ? a interrogé maman.

– La bibliothèque est bien réelle, nous

l'avons vue. Mais rien ne prouve que Dorothy Stone existe, elle !

J'ai laissé maman réfléchir. Tandis que j'admirais un massif de rosiers, j'ai senti un regard posé sur moi. À l'étage, un rideau venait de bouger. Est-ce que quelqu'un m'observait ? Soudain, j'ai entendu un bruit. Tout au fond du jardin, un homme habillé d'une salopette est apparu dans les rhododendrons. Il portait un large chapeau, pourtant j'ai eu l'impression de le reconnaître. Bizarre... Le bas de son pantalon était taché de bleu. Sans doute un jardinier, me suis-je dit. J'allais le saluer, mais trop tard. Il venait de filer par une petite porte. Je me suis approchée. L'homme avait disparu. Je m'apprêtais à retourner vers la maison quand mon attention a été attirée par une feuille de papier coincée sous une pierre.

Je l'ai récupérée et dépliée. Bien sûr, tout était en anglais. *The French girl and her mother are here. Impossible to proceed with plan.*

« French », je le savais, voulait dire « français ». Et « girl », « fille ». De même, je connaissais « mother », l'équivalent de « mère ». Le message parlait donc de la fille française et de sa mère. « Impossible », facile, c'était pareil en français. « Proceed » ressemblait beaucoup au verbe « procéder », et « plan » au nom français « plan ». Il était donc « impossible de procéder avec le plan ». Je comprenais l'idée même si ma traduction était approximative. Quel plan ? Et pourquoi maman et moi empêchions-nous quelqu'un de procéder avec un plan quel qu'il soit ?

J'ai commencé à me dire qu'il y avait peut-être une autre raison à l'absence de Dorothy Stone : elle se savait en danger et ne pouvait pas prendre le risque d'apparaître. J'ai remis le message sous la pierre.

The Tower of
London
VISITS ON
RESERVATION

CHAPTER EIGHT

The Coast is Clear

Le lendemain, notre petit déjeuner nous attendait dans la salle à manger. Dès que nous nous sommes assises, Lexie est arrivée, un dépliant touristique à la main.

– Dorothy Stone is busy, ai-je dit pour lui éviter de nous le répéter une fois de plus.

– Yes, a-t-elle confirmé. But this is a visit for you. The Tower of London. It's a magnificent castle.

D'après la photo en première page du dépliant, Lexie voulait qu'on aille visiter un magnifique château. « Tower » me disait quelque chose. « Tour » ? Tout à coup, j'ai compris. Bien sûr, la tour de Londres. Agathe m'en avait parlé.

– Elle nous propose d'aller visiter la tour de Londres, ai-je traduit.

– Pourquoi pas ! a soupiré maman.

Je me suis tournée vers Lexie.

– Thank you. Yes. Visit Tower of London. Yes.

Ce n'était sans doute pas très grammatical, mais Lexie a hoché la tête.

– Perfect. I'll make a reservation. For the tickets. At eleven.

« Reservation » ? « Tickets » ? Elle allait réserver ? Réserver nos tickets ? À onze ? Elle voulait sans doute dire à onze heures. Elle semblait très pressée de se débarrasser de nous. J'ai laissé maman monter dans sa chambre pour se préparer, et j'ai filé dans le jardin. Sans hésiter, j'ai soulevé la pierre sous laquelle j'avais trouvé le message, la veille. Mon intuition était juste. Un autre message y avait été déposé. J'ai vite déplié la feuille de papier et j'ai lu :

The French girl and her mother visiting Tower of London at 11. Dorothy to Post Office at 11. The coast is clear.

Avec tout ce que j'avais appris depuis mon arrivée, la première phrase ne me posait aucun problème. J'ai déduit de la deuxième phrase que Dorothy allait au bureau de poste à la même heure. La maison serait donc vide. Pour la dernière phrase, cependant, j'avais besoin du dictionnaire. Serait-ce la clef de l'énigme ?

J'ai foncé dans ma chambre, j'ai ouvert mon dictionnaire. « Coast », « côte ». « Clear », « clair ». « La côte est claire » ? Ça ne voulait strictement rien dire. J'avais dû me tromper. Je suis revenue à la page de « coast » et j'ai lu tout le paragraphe. Soudain, je me suis figée. Tout en bas était écrit : *the coast is clear, le champ est libre*. Le champ était libre, la maison était vide. Oui, mais pour quoi faire ?

CHAPTER NINE

Dorothy Stone

Alors que je me préparais à redescendre, j'ai entendu du bruit. Le plancher du couloir a grincé. Quelqu'un s'approchait. Les pas se sont arrêtés devant ma chambre. Puis on a frappé à ma porte. D'une voix étranglée, j'ai fini par répondre :

– Yes!

La porte s'est ouverte. Dorothy Stone en personne s'avançait vers moi. Elle n'était pas très grande, mais assez imposante.

– Hello Jeanne, a-t-elle dit, how are you? I'm sorry, I was busy.

La voix de Dorothy était rauque et douce. Avec « how are you? », elle me demandait comment j'allais. Je devinais la suite. « Sorry » voulait dire « désolé(e) » ou « excusez-moi ». Elle était donc désolée d'avoir été occupée. Je sentais bien qu'il fallait répondre quelque chose. Je me suis contentée de reprendre ses mots.

– Hello. How are you?

Dorothy a souri et a fait un petit signe de tête pour montrer qu'elle appréciait mes efforts.

– Jeanne, I'm going to the Post Office. I'm going to post my new book to my editor. This is my new book.

Là, j'ai eu du mal à suivre. Je me suis raccrochée aux mots que je connaissais. « Post Office », c'était bon. Dorothy m'annonçait qu'elle allait au bureau de poste. Du coup, « to post » voulait sans doute dire « poster » ou « envoyer ». Mais qu'allait-elle poster ? À la main, elle tenait un paquet de feuilles dactylographiées. Soudain, j'ai compris. Bien sûr, « book » voulait dire « livre ». Dorothy Stone allait à la poste pour envoyer à son éditeur le roman qu'elle venait de finir. Son nouveau livre.

J'ai aussitôt pensé au message sous la pierre. Quelqu'un d'autre savait qu'elle allait s'absenter et avait averti le jardinier. Il fallait que je la prévienne. J'ai inspiré profondément et dit à Dorothy Stone :

– You no Post Office.

La romancière me dévisageait d'un air intrigué. Je me suis emparée de mon dictionnaire et j'ai puisé dans toutes mes ressources.

– Message (pour « message ») under (pour « sous ») stone (pour « pierre ») write (pour « écrire ») Jeanne and mother Tower of London, Dorothy Post Office, coast is clear.

Dorothy m'a regardée fixement, puis elle a hoché la tête :

– Thank you, Jeanne. Thank you very much.

J'étais fière. Un, j'avais réussi à me faire comprendre. Et deux, c'est moi qui aidais un auteur de romans policiers à déjouer un plan secret.

ABC

CHAPTER TEN

Stop the Car

Quand Dorothy Stone a demandé à Matthew de préparer la voiture, maman était tout excitée. Je lui avais expliqué la situation. Sous le regard de Lexie, nous sommes montées à l'arrière. Après avoir pris soin d'ouvrir la fenêtre, Dorothy a annoncé d'une voix claire :

– Jeanne, her mother and I are visiting the Tower of London. We have tickets for eleven o'clock.

La voiture a démarré. Nous avons roulé pendant quelques minutes en direction d'un bar appelé *The Happy Cat*. Il y avait l'image d'un chat qui souriait au-dessus de la porte. Dorothy Stone a dit au chauffeur :

– Matthew, stop the car, please. Then, go to the Tower of London and buy some souvenirs.

Sans discuter, il a arrêté la voiture, comme Dorothy Stone le lui avait demandé en utilisant « stop » pour « arrêtez » et « the car » pour « la voiture ». Nous sommes entrées toutes les trois dans le pub.

– Let's sit here, a proposé Dorothy en désignant une place avec vue sur sa maison. We can see the garden.

Nous nous sommes installées près d'une fenêtre. Effectivement, nous avions vue sur le jardin de Dorothy. Après avoir commandé une bière pour ma mère et une autre pour elle, ainsi qu'un soda pour moi, Dorothy m'a dit :

– So you like my books, Jeanne.

Je connaissais le mot « like » pour dire « aimer ». Elle pensait que j'aimais ses livres. J'ai essayé de trouver une réponse qui n'était pas un mensonge mais qui ne lui ferait pas trop de peine. Le temps que je réfléchisse, le barman est arrivé avec les boissons. Dorothy l'a aussitôt remercié et lui a dit :

– Thank you, Henry. Henry, this is Jeanne. Jeanne likes my books, and she's written a story. And this is Jeanne's mother.

– Hello Jeanne, said Henry. Hello Madam.

– Hello, I said.

– Hello, said my mother.

Tout en parlant, je n'avais pas cessé d'observer le jardin. Soudain, j'ai sursauté.

– Regardez ! Une camionnette vient de se garer devant la grille ! ai-je dit.

Un homme en est descendu. Cette fois, je n'avais plus de doute. Je venais de comprendre qui il était et ce qu'il comptait faire. J'ai aussitôt dit à Dorothy :

– Telephone police.

L'homme pénétrait déjà dans la maison.

THE HAPPY
CAT

CHAPTER ELEVEN

The Fake Gardener

Nous sommes sorties du bar et nous avons attendu devant la grille du jardin. Dix minutes plus tard, l'homme est apparu, les bras chargés d'un grand tableau et d'un énorme sac. Quand il nous a vues, il est devenu blême.

– Where are you going with my painting? a demandé Dorothy.

En l'entendant, le mot pour « où » m'est revenu en tête. « Where ». Dorothy voulait savoir où cet homme allait avec son tableau.

– It needs cleaning. Your housekeeper asked me to clean it, a répondu sans la moindre hésitation l'homme que j'avais déjà vu dans les rhododendrons.

J'ai feuilleté le dictionnaire que j'avais glissé dans mon sac au cas où. « Clean » veut dire « propre » si c'est un adjectif et « nettoyer » si c'est un verbe. Rendre propre, quoi. Le faux jardinier prétendait que le tableau avait besoin d'être nettoyé et que c'était la gouvernante (« housekeeper ») qui lui avait demandé (« asked ») de s'en occuper. Quel menteur !

– My housekeeper? Lexie? asked Dorothy, surprised.

– Yes, that's her name, said the fake gardener.

J'ai bien vu que Dorothy commençait à se demander s'il ne disait pas la vérité. Elle devait laisser sa gouvernante s'occuper de tous les détails pratiques. Elle a juste dit :

– I don't remember asking my housekeeper to clean this picture.

« Remember ? » « Se souvenir », d'après mon dictionnaire. Dorothy ne se souvenait pas d'avoir demandé un nettoyage du tableau. Il était temps que j'intervienne. En rassemblant tout ce que j'avais appris en anglais, j'ai tenté d'expliquer à Dorothy que le but de cet individu était de la cambrioler. J'ai montré du doigt sa salopette, tout en disant :

– This is the plan. See the blue?

Sans trop comprendre, Dorothy Stone et maman observaient les taches bleues sur le bas du pantalon de l'homme.

– Yes, I can see the blue paint. Why is it important?

J'ai désigné la maison au bout de la rue avec les fenêtres fraîchement repeintes en bleu. Maman a dit :

– Mais oui, c'est à lui que tu as demandé où on pouvait trouver le bureau de poste. Tu es trop forte, Jeanne !

J'ai continué mon explication :

– This man paints house and he sees your house.

– Oh, I see! said Dorothy. This man was painting at the house there, and he saw the valuable paintings in my house. Good observation, Jeanne. Very good observation!

Soudain, une voiture de police est arrivée. Deux policiers en sont descendus et ont arrêté le cambrioleur. Tandis qu'ils l'embarquaient, Lexie est apparue. Elle tenait dans ses bras un coffret plein de bijoux.

– My jewels! said Dorothy en voyant ses bijoux. Lexie, you're an accomplice to that man!

Eh oui, Dorothy avait raison. Lexie était bien la complice du cambrioleur.

CHAPTER TWELVE

Jeanne the Detective

– I'm not an accomplice, said Lexie. It's not true.

– But you have my jewels, said Dorothy Stone. You are an accomplice to this man.

– The jewels need cleaning, said Lexie. You asked me to clean the jewels.

– No, I didn't, said Dorothy.

– You don't remember, said Lexie. You asked me to clean the painting and the jewels. They need cleaning by a professional cleaner. You don't remember. You were busy writing your new book.

– That's not true! I said. You write a message for this man. You write *the coast is clear*! I find the message under the stone. Dorothy Stone reads the message.

– I'm sure this is your writing, said Dorothy. Policeman! Please, arrest this housekeeper. It was her plan to take my paintings and my jewellery. Here is the message she has written to the fake gardener.

The policeman arrested Lexie.

– Jeanne, said Dorothy, you are a perfect detective.

Matthew arrived and stopped the car. He had souvenirs from the Tower of London. Dorothy Stone gave the souvenirs to my mother.

– I'm sorry I was busy writing my new book, said Dorothy. Come and see me in July. I will not be busy. We will visit London.

– Yes! I said. Thank you. And I will read your new book.

Les auteurs

Pendant qu'elle était étudiante aux Beaux-Arts, **Claudine Aubrun** lisait et écrivait. Depuis qu'elle écrit des histoires, elle dessine des croquis qu'elle publie dans un blog pour raconter son actualité d'écrivain. Elle est l'auteur de plusieurs romans policiers chez Syros (*En noir et or*, la série *Les enquêtes de Nino* pour les plus jeunes), mais aussi de romans graphiques (la série *Monsieur Stan*). Quand elle n'anime pas des ateliers d'écriture ou qu'elle ne va pas à la rencontre de ses lecteurs, elle pense à ce qu'elle va écrire. Ou dessiner.

Son site : www.claudine-aubrun.fr

Stéphanie Benson est née à Londres en 1959. Arrivée en France en 1981, elle publie son premier roman pour adultes en 1995, puis se lance dans le roman policier jeunesse aux éditions Syros (*L'Inconnue dans la maison*, *La Disparue de la 6e B*, *Une Épine dans le pied*, *Shooting Star*...). Aujourd'hui auteur de plus de cinquante romans pour petits et grands (dont la série *Epicur* au Seuil), elle écrit également des nouvelles, de la poésie, ainsi que des pièces de théâtre dont des pièces radiophoniques pour France Inter et France Culture, et des scénarios pour la télévision. Parallèlement à sa vie d'auteur, elle est maître de conférences en anglais et didactique à l'université Bordeaux-Montaigne.

Pour choisir son roman Tip Tongue

/ 8-10 ANS / DÈS LE CE2-CM1-CM2 / A1 INTRODUCTIF

• ANGLAIS

Jeanne et le London Mystery
CLAUDINE AUBRUN
ET STÉPHANIE BENSON
LONDRES (Angleterre)

Florimond à la recherche du Oxford Treasure
YVES GREVET
OXFORD (Angleterre)

Blanche-Neige et la Magic Frog
STÉPHANIE BENSON

Boucles d'Or et les Strange Bears
STÉPHANIE BENSON

Valentin et les Scottish Secret Agents
CLAUDINE AUBRUN
ET STÉPHANIE BENSON
ÉDIMBOURG (Écosse)

Jeanne et le Fake London Manuscript
CLAUDINE AUBRUN
ET STÉPHANIE BENSON
LONDRES (Angleterre)

😊😊☺☺ / 10-12 ANS / DÈS LE CM2-6e-5e / A1 DÉCOUVERTE

• ANGLAIS

Hannah et le trésor du Dangerous Elf
STÉPHANIE BENSON
DERRY (Irlande)

Tom et le secret du Haunted Castle
STÉPHANIE BENSON
AIRTH (Écosse)

Noah et l'énigme du Ghost Train
STÉPHANIE BENSON
DUBLIN (Irlande)

Qui a vu le Phantom of the Opera?
CARINA ROZENFELD
SYDNEY (Australie)

La malédiction du Welsh Red Dragon
STÉPHANIE BENSON
ABERGAVENNY (Pays de Galles)

Wiggins, Sherlock et le Mysterious Poison
BÉATRICE NICODÈME
LONDRES FIN XIXe

• ALLEMAND

Martin et la Mysteriöse Kreatur
ROLAND FUENTÈS
MITTENWALD, HEIDELBERG (Allemagne)

Quatre fantômes im neuen Berlin
ROLAND FUENTÈS
BERLIN (Allemagne)

• ESPAGNOL

Thomas et le misterio Dalí
GILLES FONTAINE
CADAQUÉS (Espagne)

☺☺☺☺ / 12-14 ANS / DÈS LA 5e-4e-3e / A2 INTERMÉDIAIRE

• ANGLAIS

Peter et le mystère du Headless Man
STÉPHANIE BENSON
SAINT STEPHEN (Angleterre)

Lilith et la vengeance du Dark Magician
STÉPHANIE BENSON
LONDRES (Angleterre)

Alex et le rêve de la New York Star
STÉPHANIE BENSON ET JAKE LAMAR
NEW YORK (États-Unis)

Hélène et les Disappearing Gamers
NICOLAS LABARRE
PARIS (France)

Lucas et la Chick Team
MAÏTÉ BERNARD
NASHVILLE (États-Unis)

Zoé et l'élixir of Eternal Life
HERVÉ JUBERT
BRIGHTON (Angleterre)

• ALLEMAND

Emma et la japanische Mangaka
ISABELLE COLLOMBAT
LEIPZIG (Allemagne)

Mathéo et la tolle Mädchen
MYRIAM GALLOT
FRANCFORT-LANDENBURG (Allemagne)

• ESPAGNOL

Benoît et la bande de los Moteros
MAÏTÉ BERNARD
IBIZA (Espagne)

Tournage al Alcázar de Sevilla
LAURENCE SCHAACK
SÉVILLE (Espagne)

Je suis un verdadero Argentino !
LAURENCE SCHAACK
BUENOS AIRES (Argentine)

😊😊😊😊 / 14-16 ANS / Dès la 3e-2nde-1re / B1 SEUIL

• ANGLAIS

Hidden Agenda
CHRISTOPHE LAMBERT ET SAM VANSTEEN
SAN FRANCISCO (États-Unis)

La traversée du Time Tunnel
STÉPHANIE BENSON
EPSOM (Angleterre)

Dylan Dilemma
STÉPHANIE BENSON
NEW YORK (États-Unis)

Loi n° 49-956 du 16 juillet 1949
sur les publications destinées à la jeunesse,
modifiée par la loi n° 2011-525 du 17 mai 2011.

Mise en pages : DV Arts Graphiques à La Rochelle
N° éditeur : 10278514 – Dépôt légal : janvier 2016
Achevé d'imprimer en octobre 2021
par Jouve-Print (53100, Mayenne, France).
N° 2967080C

IMPRIM'VERT

MIXTE
Papier issu de sources responsables
FSC® C022030
www.fsc.org